Sebastiano Lamattina

Modellqualität als Indikator für Softwarequalität

Software- und Qualitätsmodelle für die Verbesserung der Softwarequalität

GRIN Verlag

Bibliografische Information der Deutschen Nationalbibliothek:

Die Deutsche Bibliothek verzeichnet diese Publikation in der Deutschen National-bibliografie; detaillierte bibliografische Daten sind im Internet über http://dnb.d-nb.de/ abrufbar.

Impressum:

Copyright © 2010 GRIN Verlag GmbH
Druck und Bindung: Books on Demand GmbH, Norderstedt Germany
ISBN: 978-3-640-61782-1

Dieses Buch bei GRIN:

http://www.grin.com/de/e-book/150232/modellqualitaet-als-indikator-fuer-softwa-requalitaet

GRIN - Your knowledge has value

Der GRIN Verlag publiziert seit 1998 wissenschaftliche Arbeiten von Studenten, Hochschullehrern und anderen Akademikern als eBook und gedrucktes Buch. Die Verlagswebsite www.grin.com ist die ideale Plattform zur Veröffentlichung von Hausarbeiten, Abschlussarbeiten, wissenschaftlichen Aufsätzen, Dissertationen und Fachbüchern.

Besuchen Sie uns im Internet:

http://www.grin.com/

http://www.facebook.com/grincom

http://www.twitter.com/grin_com

UNIVERSITÄT
TÜBINGEN

WS09/10 Seminar Eingebettete Systeme

Modellqualität als Indikator für Softwarequalität

ebastiano Lamattina

WILHELM-SCHICKARD-INSTITUT
TECHNISCHE INFORMATIK Prof. Dr. Wolfgang Rosenstiel

Inhaltsverzeichnis

Kurzfassung

Projekte zur Entwicklung komplexer softwarebasierter Systeme sind mit erheblichen finanziellen und zeitlichen Risiken sowie mit dem Risiko des kompletten Scheiterns verbunden.[1] Um diesen Risiken entgegenzuwirken ist es zwingend notwendig, eine gut strukturierte Qualitätssicherung in Kombination mit adäquater Meilensteinplanung in Softwareprojekten bereits frühzeitig einzusetzen. Entwicklungsbegleitende Qualitätssicherungsmaßnahmen, wie z.b. Normen, Richtlinien, standardisierte Prozesse, statische und dynamische Analysen, Reviews, nehmen deshalb bei den Projektverantwortlichen einen immer höher werdenden Stellenwert ein, wobei diesen entsprechend mehr Ressourcen zur Verfügung gestellt werden.[2]

Eine erhöhte Komplexität, eine gesteigerte Variantenvielfalt und ein immer komplexer werdendes Anforderungsmanagement stellen mit den o.g. Risiken zentrale Herausforderungen bei der Entwicklung und Evolution heutiger softwaregesteuerter Systeme dar. Durch den zunehmenden Einsatz modellbasierter Entwicklungsmethoden wird deshalb auf möglichst effiziente Weise versucht, diesen Herausforderungen zu begegnen.

Die Wichtigkeit von modellbasierten Entwicklungsmethoden zur Unterstützung und Verbesserung der Qualität von Softwareprodukten wird im Rahmen dieses Dokumentes untersucht. Dabei werden verschiedene Qualitätsmodelle präsentiert, die zur Verbesserung der Qualität von Endprodukten bei der Entwicklung softwarebasierter Systeme eingesetzt werden können.

Durch eine detaillierte Beschreibung des Modell- und Qualitätsbegriffs, im Bezug auf die Softwareentwicklung, wird ein Zusammenhang zwischen der Modellqualität und der Softwarequalität hergestellt. Zudem wird im Rahmen dieses Dokuments diskutiert, dass eine adäquate Modellbildung einen deutlichen Qualitätsvorteil auf das zu entwickelnde Softwaresystem liefert und dass zwischen der Modellqualität und der Softwarequalität ein erheblicher Zusammenhang existiert.

Keywords

Softwareentwicklung, Software-Engineering, Entwurfsmodelle, UML, Klassendiagramm, Use-Case-Diagramm, Statechart-Diagramm, domänenspezifische Sprachen, DSL, Qualitätssicherung, Qualitätssicherungsmaßnahmen, Qualitätsmodelle, Qualitätsanforderungen an Modelle

---

[1] Vgl. Fieber et al. 2008, S. 408 [Fi08]
[2] Vgl. Pol et al. 2000 [Po00]

1 Motivation

Modellierung ist das uns angeborene Verfahren, das sehr komplexe Universum auf eine überschaubare Welt zu reduzieren. Sichtbare und unsichtbare Phänomene werden auf Begriffe abgebildet, wobei nur noch mit diesen umgegangen wird. Dadurch wird die Gesamtzahl der zu betrachtenden Gegenstände reduziert und beherrschbar gemacht. Zudem werden wir in die Lage versetzt Erfahrungen zu sammeln, generische Urteile[3] zu fällen und allgemein Strategien zu entwickeln, um mit der realen Welt zurecht zu kommen.

Im Bezug auf die Softwareentwicklung bilden Software-Modelle im Rahmen der modellbasierten Softwareentwicklung ein Bindeglied zwischen der Problemdomäne und dem zu implementierenden Softwaresystem. In diesem Zusammenhang fördern Software-Modelle die Kommunikation über Lösungen und Probleme, die Koordination von Aufgaben und somit die Zusammenarbeit innerhalb eines Projektteams. Zudem lässt sich mit Hilfe von Software-Modellen der Entwicklungsfortschritt während der Analyse der Problemdomäne und beim Entwurf der Systemarchitektur dokumentieren. Der Einsatz von Software-Modellen kann dadurch helfen, die Komplexität des zu implementierenden Softwaresystems bei anhaltendem Kosten- und Termindruck zu beherrschen. Infolgedessen stellen sie zentrale Entwicklungsartefakte dar.

Demnach sollten Qualitätsmängel in Software-Modellen möglichst früh erkannt und beseitigt werden, damit sich daraus ergebende notwendige Korrekturen nur auf wenige Entwicklungsphasen und –artefakte beziehen. Um nun die Qualität von Software-Modellen kontrollieren zu können bedarf es einen Qualitätsmanagementansatz. In Kapitel 2 wird der jetzt schon leicht deutlich werdende Zusammenhang zwischen der Modell- und Softwarequalität verstärkt verdeutlicht, bevor in Kapitel 3 verschiedene Qualitätsmodelle vorgestellt werden.

2 Modelle

2.1 Modellbegriff

Das Wort „Modell" ist laut Kluge[4] die moderne, vom italienischen *modello* geprägte Variante des älteren „Model" (maskulin), das aus dem lateinischen *modulus*, in der Bedeutung *Vorbild, Maß, Form, Regel, Muster* entstanden ist. Entsprechend hat

---

[3] Mit negativer Konnotation als Vorurteile bezeichnet
[4] Vgl. Etymologisches Wörterbuch der deutschen Sprache

sich der Sinn kaum geändert. In den Naturwissenschaften hat sich der Modellbegriff bis zum Beginn des 20. Jahrhunderts als *veranschaulichende Beschreibung komplexer Theorien* und in den Ingenieurswissenschaften als *vereinfachendes Abbild* oder *Vorbild eines technischen Konstrukts* etabliert.[5]

Modellen wird laufend begegnet, beispielsweise Modelleisenbahnen, Landkarten, Architekturmodelle, Schaufensterpuppen, im Software-Bereich Prozessmodelle[6], Klassendiagramme, Entwurfsmuster. Neben diesen eher offensichtlichen Modellen gibt es noch weit mehrere, die wie beispielsweise Projektpläne, Entwürfe und Spezifikationen, Sitzungsprotokolle und Metriken kaum als Modelle wahrgenommen werden.

2.2 Modellmerkmale

Eine heute allgemein anerkannte Definition des wissenschaftlichen Modellbegriffs stammt von Stachowiak[7]. Nach ihm müssen für jedes Modell folgende drei Merkmale passend sein:

1. **Abbildungsmerkmal**
   Jedes Modell steht immer in Bezug zu einem Original, das abgebildet wird, d.h. zu jedem Modell gibt es ein Original. Modelle sind niemals eigenständig und können ohne ein Original nicht existieren.

2. **Verkürzungsmerkmal**
   Modelle geben im Allgemeinen nicht alle Attribute des durch sie repräsentierten Originals wieder, sondern nur eine echte Teilmenge.

3. **Pragmatisches Merkmal**
   Ein Modell ist seinem Original nicht per se eindeutig zugeordnet, sondern es erfüllt eine Ersetzungsfunktion, d.h. Modelle haben den Zweck, unter bestimmten Bedingungen und bezüglich bestimmter Fragestellungen das Original zu ersetzen.

Das Abbildungsmerkmal impliziert nicht, dass das Original auch wirklich existiert, es kann nämlich auch vermutet, geplant oder der Fantasie entsprungen sein. So stellt beispielsweise ein Gartenzwerg das Modell eines gedachten Wesens dar. Auch ist fast jeder Kinofilm oder Roman das Modell einer erdachten Realität. In Bezug auf ein Softwareprojekt ist dessen Kostenschätzung beispielsweise ein spekulatives Modell des Projektverlaufs. Durch sogenannte *kaskadierte Modelle* können Modelle auch das Original von anderen Modellen sein. Ein prominentes Beispiel in der

---

[5] Vgl. Fieber et al. 2008, S. 410 [Fi08]
[6] Vgl. Kapitel 2
[7] Vgl. Stachowiak 1973 [St73]

Softwareentwicklung ist beispielsweise die Kaskade von der Spezifikation zum Code und weiter zur Programmausführung.
Durch das Verkürzungsmerkmal erscheint es zunächst, als ob ein Verlust stattfindet, aber genau in diesem Merkmal liegt die Stärke eines Modells: Durch die Verkürzung wird es überhaupt überschaubar, brauchbar, handlich im Sinne des pragmatischen Merkmals.

Schließlich gibt das pragmatische Merkmal dem Modell seinen Sinn. Da aus verschiedenen Gründen auf das Original entweder nicht zugegriffen werden kann oder zugegriffen werden will, wird an seiner Stelle das Modell u.a. für Änderungen verwendet.

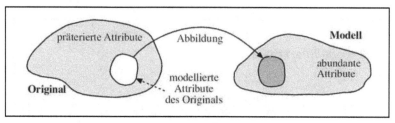

Abbildung 1: Original und Modell nach Stachowiak[8]

Abbildung 1 zeigt den Zusammenhang zwischen Original und Modell. Zu beachten ist, dass Modelle den Originalen äußerlich nicht ähnlich sein müssen. Demnach können die abgebildeten Attribute im Modell auf verschiedenste Weise erscheinen, z.B. als Messwerte, Laufzeiten von Programmen als Balken in Diagrammen etc. Grundsätzlich gehören die präterierten Attribute immer zum Original und die abundanten Attribute immer zum Modell.

Als Beispiel wird im Folgenden das typische Modell eines Personalausweises betrachtet:

1. *Abbildungsmerkmal*
    Der Ausweis ist für eine Person ausgestellt.

2. *Verkürzungsmerkmal*
    Die meisten Eigenschaften des Menschen, z.B. seine kulinarischen Präferenzen, sein Körpergewicht oder seine Kindheitserinnerungen erscheinen auf dem Personalausweis nicht. So lässt sich mit akzeptablem Aufwand ein handlicher Ausweis realisieren.

3. *Modell eines Modells (kaskadiertes Modell)*
    Die Ausweisnummer ist ihrerseits geeignet, den Ausweis zu identifizieren

4. *Pragmatisches Merkmal*
    Anhand des Ausweises können verschiedene Personen Feststellungen treffen, ohne auf den Menschen insgesamt zuzugreifen. Beispielsweise lässt sich nachvollziehen, ob er bestimmte Rechte hat.

---

[8] Darstellung von Ludewig, Universität Stuttgart [Lu01]

2.3 Modelle im Bereich Software-Engineering

Im modellbasierten Softwareentwicklungsprozess kommen verschiedenste Arten von Modellen zum Einsatz. Derzeit für die Softwareentwicklung wichtige Modellarten[9] erlauben eine

- Struktur- und Schnittstellenbeschreibung,
- konstruktive Verhaltensbeschreibung,
- deskriptive Kommunikationsprotokolle und –mechanismen,
- Darstellung der logischen sowie physischen Verteilung,
- Organisation und Strukturierung der Anforderungsbeschreibung,
- Modellierung von Aufgaben- und Prozessabläufen,
- Datenmodellierung.

Während konstruktive Modelle primär zur Gewinnung von Codes dienen, werden Simulationsmodelle zur Gewinnung von Erkenntnissen mittels Durchführung von Abläufen eingesetzt. Analytische Modelle werden hingegen für die Verifikation genutzt. Manche Modelle bieten in diesem Zusammenhang auch die gleichzeitige Darstellung konstruktiver und zu verifizierender Anteile. In einem Klassendiagramm sind beispielsweise Klassen und Attribute konstruktiv; zu verifizieren sind jedoch Kardinalitäten oder Nachbedingungen.

Viele Erfahrungsberichte und Indikatoren zeigen, dass in diesem Zusammenhang die Qualität der im Einsatz befindlichen Modelle mit der Qualität des entwickelten Softwaresystems auf vielfältige Weise verbunden ist.[10] Mit dem zunehmenden Einsatz modellbasierter Softwareentwicklung steigt die Bedeutung der Modelle stetig an.[11] Die Modelle sind zum wichtigsten Artefakt der Entwicklung geworden, wobei ihre Qualität entscheidend zum Erfolg des Projekts beiträgt. Wie in der Norm IEC61508[12] beschrieben, fordern die Qualitätssicherungsmaßnahmen allgemeiner Entwicklungsprozesse demnach zurecht eine adäquate Qualität der Modelle im Softwareentwicklungsprozess ein. Jedoch lässt sich erst durch die Identifikation geeigneter Qualitätsmerkmale die Qualität messbar und quantifizierbar machen. Mithilfe verschiedener Qualitätsmodelle wurden bereits für Softwaresysteme bzw. Codes unterschiedliche Qualitätsmerkmale definiert. Mehr dazu in Kapitel 3.

2.3.1 Unified Modeling Language (UML)

Die UML unterstützt mit ihren dreizehn Modellarten am umfassendsten den Entwicklungsprozess (siehe Abbildung 2).

---

[9] Vgl. Fieber et al. 2008, S. 408 [Fi08]
[10] Vgl. Fieber et al. 2008, S. 409 [Fi08]
[11] Vgl. Petrasch et al. 2006 [Pe06]
[12] EN 61508 2000 [EN00]

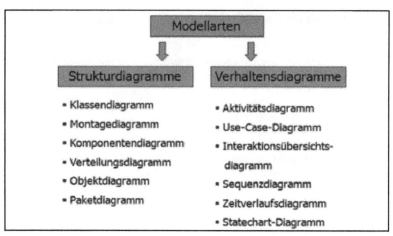

Abbildung 2: Modellarten von UML

Dabei werden die verschiedenen Diagramme, wie in Abbildung 2 zu sehen ist, in Struktur- und Verhaltensdiagramme unterteilt. Besonders hervorzuheben ist das Statechart-Diagramm. Statecharts dienen dazu, Komponenten und Funktionen mit Leben zu erfüllen, wobei sie immer einer Klasse zugeordnet sind. Sie bestehen aus Zuständen, von denen einer als Startzustand und mehrere als Endzustände definiert werden können, und Transitionen zwischen diesen Zuständen, die durch bestimmte Ereignisse bzw. Signale ausgelöst werden. Abbildung 3 zeigt beispielhaft ein Statechart-Diagramm, das den Ablauf eines Anrufs beschreibt.

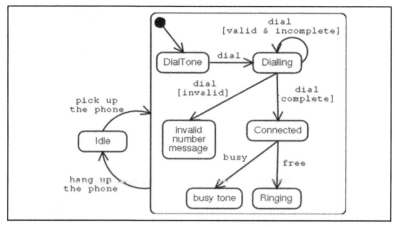

Abbildung 3: Statechart-Diagramm

2.3.2 Matlab/Simulink

Matlab ist eine kommerzielle Software[13] zur Lösung mathematischer Probleme und zur grafischen Darstellung der Ergebnisse. Sie dient primär der Lösung numerischer Probleme.

Simulink ist ebenfalls eine Software des Unternehmens The MathWorks Inc., wobei diese zur Modellierung von Systemen dient. Es handelt sich hierbei um ein grafikorientiertes Tool, das Matlab zur Ausführung benötigt. Demnach ist Simulink ein Unterprogramm von Matlab und greift auf dessen numerische Lösungsalgorithmen zu. Simulink-Modelle können problemlos simuliert werden und es kann darüber hinaus eine automatisierte Codegenerierung aus einem Simulink-Modell angestoßen werden.

2.3.3 Domänenspezifische Sprachen[14]

Im Gegensatz zu gängigen Programmiersprachen wie Java oder C# ist eine domänenspezifische Sprache auf eine ausgewählte Domäne spezialisiert. Zwar können mit einer DSL oft nur die typischen Aufgaben aus einer bestimmten Domäne gelöst werden, dies aber dafür mit relativ wenig Aufwand und mittels der natürlichen Begriffe aus der Anwendungsdomäne aufgrund der hoch spezialisierten Sprachelemente. In den letzten Jahren sind dementsprechend vermehrt solche Sprachen (siehe Abbildung 4) sowie dazugehörige Tools (siehe Abbildung 5) entstanden.

DSL	Anwendungsgebiet
AUI	GUI-Modellierung
MSC	Spezifikation von Telekommunikations-systemen
NOWRA	Softwarekonfiguration
PSL-DA	Datenbankanwendungen
RISLA	Softwareentwicklung für Finanzprodukte
SWUL	GUI-Modellierung

Abbildung 4: Ausgewählte Beispiele für DSL[15]

Für viele Unternehmen ist deshalb der Einstieg in die Welt der DSLs interessanter denn je: es kann viel Aufwand in der Spezifikation und Implementierung von Software eingespart werden. Zudem sind deutliche Verbesserungen bezüglich der

---

[13] Unternehmen The MathWorks Inc.
[14] Engl. Domain-specific-language (DSL)
[15] Darstellung aus LPZ E-Business|IT-Radar, Universität Leipzig [Lp00]

Fehleranfälligkeit von Software sowie der Erfüllung von fachlichen Anforderungen möglich.

Werkzeug	Typ
GEMS	DSL-Toolset für Eclipse
MS Visual Studio	beinhaltet DSL-Werkzeug
openArchitectureWare	DSL-Toolset für Eclipse
tangible architect	ist DSL-Werkzeug

Abbildung 5: Ausgewählte DSL-Werkzeuge[16]

In Abbildung 6 ist ein typischer Entwicklungsprozess mit einer DSL dargestellt, wobei der geringere Aufwand in der Spezifikation und Implementierung von Software verstärkt verdeutlicht wird. Auch ist es möglich, den Quellcode einer Software direkt aus der Spezifikation heraus zu generieren.

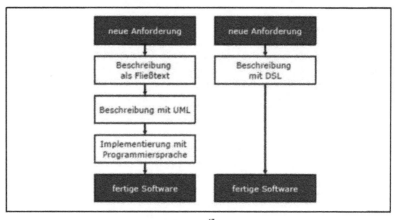

Abbildung 6: Entwicklungsprozess mit einer DSL[17]

DSLs liegen wie oben erwähnt, momentan voll im Trend und werden u.a. für die Entwicklung kleiner Anwendungsteile, die bestimmte Eigenschaften erfüllen und für Softwareteile, die häufig Änderungen unterliegen, z.B. Produktdefinitionen, Tarifrechner etc., verwendet. Wenig sinnvoll ist es, eine DSL für die Entwicklung kompletter Anwendungen einzusetzen, da sie in der Regel dazu nicht geeignet ist.

---

[16] Darstellung aus LPZ E-Business|IT-Radar, Universtität Leipzig [Lp00]
[17] Darstellung aus LPZ E-Business|IT-Radar, Universtität Leipzig [Lp00]

2.3.4 Fazit

Der Fortschritt bei Codegenerierung, formalen Methoden und Modelltransformationen ermöglicht es, aus immer abstrakteren Modellen im Bereich Software-Engineering verfeinerte Modelle abzuleiten und somit automatisiert lauffähige Software zu entwickeln und zu analysieren. Dementsprechend können viele heute im Einsatz befindliche und teilweise oben erwähnte Modelltypen automatisiert simuliert werden. Dadurch werden die Beziehungen zwischen Modell und modelliertem System immer vielfältiger und komplexer.

Aufgrund der Systemkomplexität gibt es demnach kein Modell, das ein Softwaresystem allein als Ganzes und in allen Details beschreibt[18]. Vielmehr werden einzelne, geeignet komponierbare Modelle eingesetzt, die gemeinsam den Entwurf oder die Softwarearchitektur bilden. In einem Entwicklungsprozess entstehen dadurch *horizontale* und *vertikale* Modellketten (siehe Abbildung 7). Während die Modelle in der *horizontalen* Modellkette sich jeweils ergänzen, in ihrer Kombination notwendige, konstruktionsrelevante Informationen über das gesamte System darstellen und jeweils aus verschiedenen Sichten[19] auf das System blicken, lösen sich die Modelle in der *vertikalen* Modellkette jeweils in ihrem Informationsgehalt ab, werden verfeinert (Detaillierung steigt) und implementierungsnäher umgesetzt.

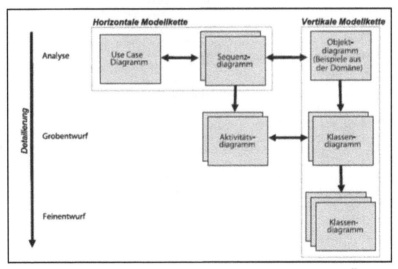

Abbildung 7: Beispiel für eine Verwendung horizontaler und vertikaler Modellketten[20]

---

[18] Dies gilt nicht für sehr triviale Systeme
[19] Eine Sicht beschreibt eine bestimmte Perspektive auf das Gesamtsystem
[20] Darstellung aus Fieber et al. 2008, S. 411 [Fi08]

2.4 Taxonomie der Modelle

2.4.1 Deskriptive und Präskriptive Modelle

Modelle im engeren Sinne, d.h. ohne Begriffe und Metaphern, können nach verschiedenen Kriterien klassifiziert werden. Sie sind entweder *Vorbilder für etwas* oder *Abbilder von etwas*; entsprechend werden sie als deskriptive und präskriptive Modelle bezeichnet.

Deskriptive Modelle, beispielsweise ein Stadtplan oder eine Modelleisenbahn, beschreiben ein Original zum leichteren Verständnis, während präskriptive Modelle, beispielsweise ein Bebauungsplan oder eine technische Zeichnung, zur Erstellung eines Originals beitragen. Der Fokus dieses Beitrages liegt auf den präskriptiven Modellen (z.B. Entwurfsmodellen) eines zu entwickelnden Softwaresystems. Diese dienen entsprechend der schrittweisen Strukturierung und Formalisierung des Systems durch Verfeinerung. [21] Da Modelle eine *abstrakte Darstellung eines Systems oder Teilsystems aus einer bestimmten Sicht* darstellen, kann je nach Einsatzzweck eines Modells von unterschiedlichen Aspekten des Systems abstrahiert und damit diese *Sichten* gebildet werden: Zustands- oder Klassendiagramme im Entwurf sind präskriptive Modelle des zu entwickelnden Softwaresystems. Im Entwurf kommen dennoch deskriptive Modelle wie Ontologien im Zusammenhang mit Informationssystemen oder Umgebungsmodelle bei eingebetteten Systemen zum Einsatz. Eine Anforderungsspezifikation, bei der aus der Beschreibung der Istsituation die Zielsituation abgeleitet wird ist ein *transientes Modell*, d.h. ein Modell, das in das andere übergeht.[22]

Aufgrund der oben erwähnten Sachlage liegt es nahe zu vermuten, dass deskriptive Modelle stets *nach* und präskriptive Modelle stets *vor* dem Original existieren. Das ist aber nicht immer so. *Prognostische Modelle* liefern Aussagen über *zukünftige* Objekte und Phänomene. [23] Typische Beispiele sind Kostenschätzungen und Wahlprognosen. Obwohl vorerst noch nicht greifbar ist, was diese Modelle beschreiben, sind sie deskriptiv. Nichts desto trotz hängen solche Modelle am Original, nicht umgekehrt; das Original, also die tatsächlichen Kosten, werden vom Modell, also der Kostenschätzung, nicht beeinflusst. Dagegen ist es unmöglich, dass ein präskriptives Modell *nach* dem Original entsteht.

---

[21] Vgl. Rumbaugh et al. 1991 [Ru91]
[22] Vgl. Ludewig, Universität Stuttgart [Lu01]
[23] Vgl. Ludewig, Universität Stuttgart [Lu01]

2.4.2 Der Zweck von Modellen

Modelle können auch nach ihrem Zweck unterteilt werden:

- **Dokumentation**
  Sie entsteht, wenn Daten im weitesten Sinne aus den vorhandenen generiert
  und archiviert werden. Die Dokumentation ist also deskriptiv. Es wird
  folgendes unterschieden:
  - *Metriken*, sowohl Produktmetriken wie Anzahl der Klassen, Seitenanzahl
    der Spezifikation, Speicherbedarf, Programmlänge, Antwortzeiten, als
    auch Projekt- und Prozessmetriken, Kosten und Dauer der Entwicklung,
    Zahl der Entwickler, Zahl der entdeckten Fehler
  - *Aufzeichnungen* (Protokolle) aller Art, beispielsweise über durchgeführte
    Installationen und Prüfungen; die Aufzeichnungen, die bei der
    Anforderungsanalyse entstehen spielen eine herausragende Rolle. Sie
    werden zum *Lastenheft* verdichtet, welches ein Modell der
    Kunden-Anforderungen darstellt.
  - *Kurzbeschreibungen* in Angeboten, Prospekten und
    Software-Datenbanken

- **Vorgaben**
  Sie liefern Informationen darüber, wie ein Artefakt beschaffen sein soll, z.B.
  Spezifikation, Installationsanleitung, Entwicklungsplan etc. Sie sind deskriptiv.

- **Explorative Modelle** (siehe Abbildung 8)
  Sie sind transient. Bei der Evolution von Software werden Entwurfs- und
  Architekturmodelle *explorativ* verwendet, d.h. geplante Veränderungen
  werden zunächst am Modell vorgenommen und evaluiert, bevor sie in einer
  Implementierung umgesetzt werden (Modelle im Städtebau).

- **Spiel- und Lehrmodelle**
  Sie treten aus praktischen oder ethischen Gründen an die Stelle des
  Originals auf, z.B. Flugsimulator. Sie sind deskriptiv und weisen
  typischerweise eine partielle äußerliche Ähnlichkeit mit dem Original auf.

- **Formale Modelle**
  Sie sind ebenfalls deskriptiv und abstrakt, aber haben kaum eine optische
  Ähnlichkeit mit den Originalen, z.B. Formeln der Chemie und Physik. Sie
  eröffnen die Möglichkeit Vorgänge und reale Situationen formal darzustellen.

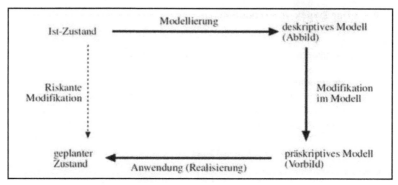

Abbildung 8: Anwendung eines explorativen Modells[24]

Im Allgemeinen ergibt sich die Taxonomie der Modelle aus dem primären Zweck eines Modells: Wird ein Zustandsdiagramm als Verhaltensmodell im Entwurf in die Dokumentation des implementierten Systems übernommen, so ist es präskriptiv; wird es dagegen deskriptiv verwendet, wenn der Zustandsraum dieses Diagramms mittels Model-Checking [25] exploriert wird, um funktionale Anforderungen zu verifizieren, so wird es prognostisch eingesetzt.[26]

3 Qualitätsmodelle

Qualitätsmodelle werden zur Differenzierung der Qualitätsanforderungen verwendet. Dabei setzen sie sich aus meist hierarchisch strukturierten Qualitätsattributen zusammen und beschreiben woraus sich Qualität zusammensetzt. In Abbildung 9 ist beispielhaft das Grundgerüst[27] eines Qualitätsmodells aufgeführt. Dabei gliedern sich die Qualitäts*merkmale* (factor) in Qualitäts*teilmerkmale* (criteria), wobei die Metriken als quantifizierbare Indikatoren für die Ausprägung von Qualitätsteilmerkmalen verwendet werden. Im Rahmen dieses Kapitels wird zunächst der Qualitätsbegriff definiert, bevor drei wichtige Qualitätsmodelle vorgestellt werden.

---

[24] Darstellung von Ludewig, Universität Stuttgart [Lu01]
[25] Model-Checking (deutsch *Modellprüfung*) ist ein Verfahren zur vollautomatischen Verifikation einer Systembeschreibung (Modell) gegen eine Spezifikation
[26] Vgl. Fieber et al. 2008, S. 410 [Fi08]
[27] Auch hierarchischer „Qualitätenbaum" genannt

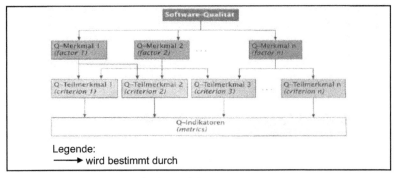

Legende:
——→ wird bestimmt durch

Abbildung 9: Grundgerüst eines Qualitätmodells

3.1 Qualitätsbegriff

„Qualität" wird von dem lateinischen Wort *qualitas* (Beschaffenheit) abgeleitet. In der Norm DIN ISO 9126:2001 zur Softwareproduktqualität wird Qualität folgendermaßen definiert:

„Qualität ist die Gesamtheit von Eigenschaften und Merkmalen eines Produkts oder einer Tätigkeit, die sich auf deren Eignung zur Erfüllung gegebener Erfordernisse bezieht."[28]

Dabei wird die Produktqualität von der Prozessqualität [29] abgegrenzt. Darüber hinaus unterscheidet die Norm zwischen interner, externer und Gebrauchsqualität (siehe Abbildung 10).

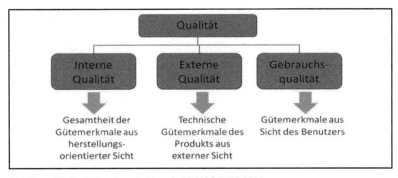

Abbildung 10: Qualitätsunterscheidung in DIN ISO 9126:2001

---

[28] DIN ISO 9126:2001
[29] Auch: die Güte des Entwicklungsprozesses

Im folgenden Abschnitt werden alle Qualitätsarten primär auf das Softwareprodukt bezogen. Die Modellqualität von präskriptiv verwendeten Entwurfsmodellen lässt sich in diesem Zusammenhang im Wesentlichen der internen Qualität zuordnen. Modelle aus denen automatisiert Code erzeugt wird, hängen dagegen unmittelbar mit der externen und der Gebrauchsqualität zusammen.

3.2 ISO/IEC 9126:2001 Qualitätsmodell

Das Qualitätsmodell ISO/IES 9126:2001 für Softwareprodukte wurde von der International Organization for Standardization im Jahre 2001 als Standard definiert und zusammen mit der International Electrotechnical Commission (IEC) publiziert.[30]

In diesem Qualitätsmodell sind drei Qualitätsmodelle für die in Kapitel 3.1 erwähnten Qualitätsarten (interne Qualität, externe Qualität, Gebrauchsqualität) definiert. Bei der internen Qualität wird das Produkt im statischen Zustand betrachtet, z.B. Untersuchung von Spezifikationen oder Quellcode. Die externe Qualität wird häufig basierend auf Tests untersucht und wird dementsprechend bei der Ausführung betrachtet. Schließlich wird bei der Gebrauchsqualität das Produkt betrachtet, wenn es von einem Endbenutzer in dessen Umgebung benutzt wird. In diesem Zusammenhang wurde das Produkt bereits ausgeführt, gewartet, portiert und es wird der kritischen Prüfung des Kunden ausgesetzt. Anders ausgedrückt ist die Qualität, die der Kunde letztendlich zu spüren bekommt, die Gebrauchsqualität.

Wie in Abbildung 11 zu sehen ist, hängen alle drei Qualitätsarten in der Regel zusammen, wobei gute interne Qualität gute externe Qualität fördert etc.

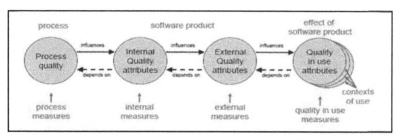

Abbildung 11: Rahmenwerk des Qualitätsmodells ISO/IEC 9126:2001[31]

Insgesamt bietet die ISO/IEC 9126:2001 sechs identische Qualitätsmerkmale für die interne und externe Qualität (siehe Abbildung 12) sowie ein einfaches Modell mit vier Qualitätsmerkmalen für die Gebrauchsqualität (siehe Abbildung 13).

---

[30] Titel: „Software engineering – Product quality
[31] Darstellung aus ISO/IEC 9126

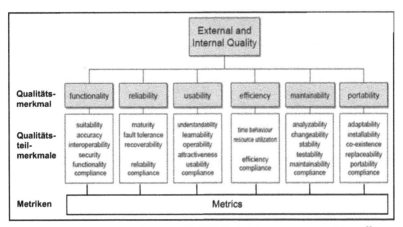

Abbildung 12: Qualitätsmodell ISO/IEC 9126:2001 für die interne und externe Qualität[32]

Das in der obigen Abbildung dargestellte Qualitätsmodell für die interne und externe Qualität unterscheidet sich nur in den jeweiligen Metriken. Dabei stellt eine Metrik meist eine mathematische Funktion dar, die eine Eigenschaft von Software in einen Zahlenwert (Maß) abbildet, um Vergleichs- und Beurteilungsmöglichkeiten zu schaffen. Im Folgenden werden die Qualitätsmerkmale kurz beschrieben:

- Functionality (Funktionalität)
  Vorhandensein von Funktionen mit festgelegten Eigenschaften.

- Reliability (Zuverlässigkeit)
  Fähigkeit der Software das Leistungsniveau zu erbringen.

- Usability (Benutzbarkeit)
  Aufwand der zur Benutzung erforderlich ist.

- Efficiency (Effizienz)
  Verhältnis zwischen dem Leistungsniveau der Software und dem Umfang der eingesetzten Betriebsmittel unter festgelegten Bedingungen.

- Maintainability (Änderbarkeit)
  Aufwand, der zur Durchführung vorgegebener Änderungen notwendig ist.

- Portability (Übertragbarkeit)
  Eignung der Software, von einer Umgebung in eine andere übertragen zu werden.

---

[32] Darstellung angepasst und erweitert aus Dörr et al. 2007, S. 12 [Dö07]

Beim Modell für die Gebrauchsqualität bleiben die Qualitätsmerkmale im Gegensatz zum Modell für die interne und externe Qualität deutlich abstrakter, da keine weitere Untergliederung in Qualitätsteilmerkmale erfolgt.

Abbildung 13: Qualitätsmodell ISO/IEC 9126:2001 für die Gebrauchsqualität[33]

Die Qualitätsmerkmale für die Gebrauchsqualität werden im Folgenden durch dazu passende Fragen kurz beschrieben:

- Effectiveness (Effektivität)
  Kann der Benutzer mit der Software das gewünschte Ziel erreichen?

- Productivity (Produktivität)
  Wie viel Aufwand muss der User aufbringen, um mit Hilfe der Software das Ziel zu erreichen?

- Safety (Sicherheit)
  Erfüllt die Software die Sicherheitsanforderungen, die der User erwartet?

- Satisfaction (Zufriedenheit)
  Stellt die Software den User zufrieden?

In der Praxis werden bzw. müssen einzelne Qualitäts(-teil)merkmale, wie beispielhaft in Tabelle 1 dargestellt, gewichtet werden. Durch die Festlegung von anwendungsspezifischen Schwerpunkten auf eine Teilmenge von Qualitätsmerkmalen werden u.a. Kosten und Dauer bei der Entwicklung von Softwareprodukten in akzeptablem Rahmen gehalten.

Anwendungsklasse	Qualitätsmerkmale
Maschinelles Leben ist betroffen	Reliability, Accuracy, Testability
Lange Einsatzdauer	Maintainability, Portability
Echtzeit-Anwendungen	Efficiency
Eingebettete Anwendungen	Efficiency, Reliability
Untereinander verbunden Anwendungen	Interoperability

Tabelle 1: Gewichtung von Qualitätsmerkmalen[34]

---

[33] Darstellung von Neukirchen, Universität Göttingen [Ne00]
[34] Darstellung von Neukirchen, Universität Göttingen [Ne00]

3.3 Qualitätsmodell von McCall

Das Qualitätsmodell von McCall wurde im Jahre 1977 von McCall, Richards und Walters entwickelt und ist damit das älteste Qualitätsmodell. Es beruht auf der Factors-Criteria-Metrics-Methode (FCM):[35]

- Factors (Fakotren): Äußere Sicht.
- Criteria (Kriterien): Innere Sicht, anhand der die Faktoren beurteilt werden.
- Metrics (Metriken): Methode zur Ermittlung quantitativer Daten für Kriterien.

Im Allgemeinen betrachten McCall et al. die Qualität eines Softwareprodukts unter drei verschiedenen Gesichtspunkten (siehe Abbildung 14):

- Operation: Im Betrieb
- Revision: Während der Überarbeitung
- Transition: Während der Portierung und Wiederverwendung

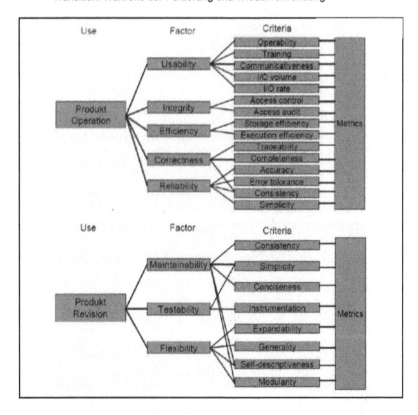

---

[35] Siehe hierzu auch Abbildung 9 – Grundgerüst eines Qualitätmodells

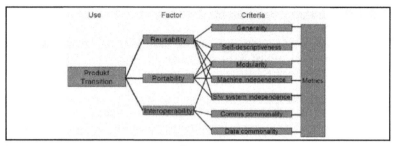

Abbildung 14: Qualitätsmodell von McCall[36]

Da im Allgemeinen die einzelnen Qualitäts(-teil)merkmale bereits in Kapitel 3.2 kurz beschrieben wurden, wird an dieser Stelle nicht näher auf diese eingegangen.

Ein prominentes Beispiel eines FCM-Modells ist das im Jahre 1985 von der Firma Hewlett Packard (HP) entwickelte *FURPS*[37], um die Qualität ihrer Produkte zu verbessern (siehe Abbildung 15). Dabei wurde seitens HP die Gewichtung auf folgende Qualitätsmerkmale gesetzt: Der Kunde soll eine Software erhalten, die

- die gewünschte Funktionalität besitzt (**F**unctionality),
- leicht bedienbar ist (**U**sability),
- zuverlässig ist (**R**eliability),
- schnell abläuft (**P**erformance) und
- aus Sicht der Kunden eine schnelle Unterstützung bietet (**S**upportability).

Nach eigenen Angaben führte die Anwendung dieses Modells zu Kostensenkungen bei gleichzeitiger Reduzierung der Fehler bei der Firma HP.[38]

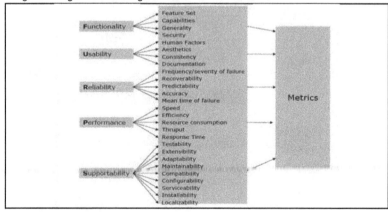

Abbildung 15: FURPS[39]

[36] Darstellung von Neukirchen, Universität Göttingen [Ne00]
[37] Functionality-Usability-Reliability-Performance-Supportability
[38] Vgl. Fähnrich 2002 [Fä02]

3.4 Der Goal-Question-Metric-Ansatz

Der Goal-Question-Metric-Ansatz (GQM) wurde von Victor Basili und Dieter Rombach entwickelt und war ursprünglich als Ansatz zur Prozessverbesserung im Software-Engineering gedacht. Die Idee, die der GQM-Ansatz verfolgt, ist nicht das zu messen was einfach ist, sondern das, was man in Bezug auf seine Qualitätsziele wissen will. GQM ist dabei kein Bottom-Up-Ansatz, d.h. es wird nicht von existierenden Metriken ausgegangen und gemessen, sondern ein Top-Down-Verfahren, d.h. von den eigenen Qualitätszielen, eigene Metriken zu erzeugen. Beim Bottom-Up-Ansatz wären beispielsweise die Ergebnisse schwierig zu interpretieren und nicht auf die eigenen Qualitätsziele abgestimmt.

Dazu gibt es zahlreiche Metriken im Software-Engineering, die eingesetzt werden:

- LoC (Lines of Code),
- Mccabe-Metrik (Komplexitätsbestimmung eines Moduls),
- Function-Point-Verfahren (Aufwandsabschätzung in der Analysephase),
- etc.

Das Problem in der Praxis ist, dass oft das gemessen wird, was einfach messbar ist, wie beispielsweise die Anzahl der Quellcode-Dateien oder die Anzahl der Seiten in einem Dokument. Die Folge ist, dass die Messergebnisse dadurch eine geringe Aussagekraft haben. Im Folgenden wird die Vorgehensweise des GQM-Ansatzes anhand des Beispiels „Verbessere die Laufzeit von Quellcode" beschrieben:[40]

1. Hauptziel definieren (Konzeptuelle Ebene: Goal)
2. Fragen stellen (Operative Ebene: Question)
3. Metriken aufstellen (Quantitative Ebene: Metric)

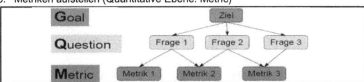

4. Hauptziel verfeinern

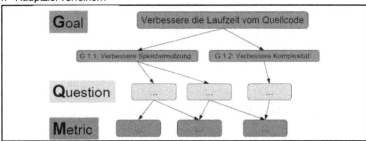

---

[39] Darstellung aus Fähnrich 2002 [Fä02]
[40] Abbildungen stammen alle aus El Boustani, Universität Hannover [El09]

5. Abstraction Sheet pro Teilziel erzeugen

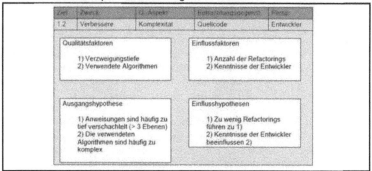

6. Fragen aus Abstraction Sheet ableiten

7. Metriken aus Fragen ableiten

Durch das obige Beispiel wird nun deutlich, dass der GQM-Ansatz die Möglichkeit bietet, ein individuelles Qualitätsmodell in Bezug auf die eigenen Qualitätsziele zu entwickeln. Denn genau hierin liegt die große Stärke dieses Ansatzes.

4 Qualitätsanforderungen an Modelle

Nachdem nun Modellqualität als eigenständiges Ziel erkannt ist, gilt es nun die Frage zu beantworten, welche qualitativen Anforderungen an ein Modell zu stellen sind, damit eine qualitativ hochwertige Software entwickelt werden kann. Dabei werden grundsätzlich unterschiedliche Kategorien von Qualitätsanforderungen definiert:

- Innere Qualität
  Qualitätsattribute des Modells können alleine für sich festgestellt werden, z.B.
  - Darstellung,
  - Präzision,
  - Universalität,
  - Einfachheit,
  - Konsistenz,
  - Konformität,
  - etc.

  Die innere Qualität ist die Qualität, die vom Software-Ingenieur wahrgenommen wird.

- Äußere Qualität (Horizontale Beziehungen)[41]
  Beschreibt die Softwarequalität, die vom User wahrgenommen wird. Diese Modelle ergänzen sich in ihrem Informationsgehalt zu einer Gesamtinformation über das zu realisierende System, z.B.
  - Kohäsion,
  - Modularisierung,
  - Redundanzfreiheit,
  - etc.

- Äußere Qualität (Vertikale Beziehungen)
  Beschreibt die Softwarequalität, die vom User wahrgenommen wird. Diese Modelle ersetzen das vorhergehende, indem Informationen implementierungsnäher umgesetzt werden und verfeinert werden (Detaillierung steigt), z.B.
  - Korrektheit,
  - Vollständigkeit,
  - Verfolgbarkeit,
  - Änderbarkeit,
  - etc.

5 Bewertung von Qualitätsanforderungen

Der Idealfall zur Bewertung von Qualitätsanforderungen wären quantifizierte, automatisierte Verfahren zur Qualitätsbewertung. Diese werden jedoch in der Praxis bisher nur für einzelne Qualitätsanforderungen umgesetzt. Beispielsweise gibt es verschiedene Ansätze bei Huhn et al. [Hu05], die für die Qualitätsanforderung „Darstellung" dem Entwickler die Möglichkeit bieten, Modellierungsregeln individuell

---

[41] Vgl. hierzu auch Abbildung 7 für die horizontale und vertikale Beziehungen

festzulegen und automatisiert zu überprüfen. Formale Verifikationsmethoden wie Model-Checking[42] oder Theorembeweisen[43] können zur Überprüfung der Korrektheit funktionaler Anforderungen eingesetzt werden. Diese setzen jedoch hinreichend formale Entwurfsmodelle und formalisierte Anforderungen voraus.

Mittlerweile gibt es auch für laufzeitrelevante, nichtfunktionale Anforderungen wie Echtzeitverhalten, Performanz oder Energieverbrauch Werkzeugunterstützung für die Modellanalyse.[44]

Nichts desto trotz sind viele Qualitätskriterien für Modelle sehr schlecht direkt messbar und benötigen eine Ersatzmessung, qualitative Befragungen oder eine relative Messung über die Entwicklungszeit, um Rückschlüsse auf das eigentliche Qualitätskriterium zu erhalten.

6 Zusammenfassung

Dieser Beitrag gibt einen Überblick über Modellqualität und über die Beziehung dieser mit der Softwarequalität. Der derzeitige Stand ist, dass eine adäquate Modellbildung und Analyse der Fähigkeiten des Modells einen deutlichen Qualitätsvorteil auf das zu realisierende Softwaresystem sowie Planungssicherheit liefert. Wie viel Modellbildung und welche Modellierungssprachen für welche Arten von Projekten adäquat sind, ist dennoch weit unklarer. In der Praxis wird derzeit diese Frage intensiv diskutiert, wobei sich die Wissenschaft einer analytischen oder empirischen Klärung dieser Frage nur zaghaft nähert.

Durch die verschiedenen Qualitätsmodelle, die im Rahmen dieses Beitrages vorgestellt wurden und durch die vielen Beispiele wurde versucht, ein Bezug zwischen der Modellqualität und der Softwarequalität herzustellen und zu verdeutlichen. Wissenschaftlich gesehen sind nur Indizien vorhanden, welche Modellqualitätskriterien Softwarequalität implizieren und welche zu mehr Prozessqualität und/oder Effektivität beitragen. Jedoch werden gerade für größere, geschäfts- oder sicherheitskritische Softwaresysteme zielgerichtete Messungen für wichtig erachtet. In der Praxis, beispielsweise in der Flugzeug- und Automobilindustrie, wurden bereits in diesem Zusammenhang größere Erfolge erzielt.[45]

Zum Schluss soll nochmals wiederholt werden, dass zwischen Modellqualität und Softwarequalität ein deutlicher Zusammenhang existiert. Diese Hypothese wird von zahlreichen Indikatoren unterstützt.

---

[42] Verfahren zur vollautomatischen Verifikation
[43] Maschinengestütztes Beweisen
[44] Henia et al. 2005 [He05]
[45] Florentz et al. 2007 [Fl07]

Literatur

[Dö07] Dörr et al.
Dörr J., Geisberger E.: Qualitätsmodelle und Nichtfunktionale
Anforderungen: Was ist nützlich, was ist essentiell?
München 2007

[El09] El Boustani
El Boustani C.: Die Goal-Question-Metric-Methode.
Universität Hannover 2009

[EN00] EN 61508
EN 61508: Funktionale Sicherheit sicherheitsbezogener elektrischer/
elektronischer/programmierbarer elektronischer Systeme.
Teil 1–7, IEC 61508, 2000

[Fi08] Fieber et al.
Fieber F., Huhn M., Rumpe B.: Modellqualität als Indikator für
Softwarequalität: eine Taxonomie. Springer Verlag 2008, Braunschweig

[Fl07] Florentz et al.
Florentz B, Huhn M: Architecture potential analysis. A closer look inside
architecture evaluation. J Softw 2(4):43–56, 2007

[Fä02] Fähnrich
Fähnrich K-P.: Software-Qualitätsmanagement. Universität Leipzig 2002

[He05] Henia et al.
Henia R, Hamann A, Jersak M, Racu R, Richter K, Ernst R: System level
performance analysis the SymTA/S approach. IEE Proc Comp Digit Tech
152(2):148–166, 2005

[ISO]   DIN ISO 9126:2001
ISO/IEC 9126:2001: Software engineering – product quality. International
Standarization Organization, 2001

[LP00] LPZ E-Business | IT-Radar
LPZ E-Business | IT-Radar: Domänenspezifische Sprachen.
Universität Leipzig, 2000

[Lu01] Ludewig
Ludewig J.: Modelle im Software-Engineering – Eine Einführung und Kritik.
Universität Stuttgart, 2001

[Ne00] Neukirchen
Neukirchen H.: Qualitätsmodelle. Universität Göttingen

[Pe06] Petrasch et al.
Modellgetriebene Software-Entwicklung – Eine praxisorientierte Einführung.
dpunkt.verlag 2006, Heidelberg

[Po00] Pol et al.
Pol M., Kooman T., Spillner A.: Management und Optimierung des
Testprozesses. dpunkt.verlag 2000, Heidelberg

[Ru91] Rumbaugh et al.
Rumbaugh J, Blaha M, Premerlani W, Eddy F, Lorensen W: Object-Oriented
Modelling and Design. Prentice Hall, 1991

[St01] http://www.pms.ifi.lmu.de
Abgerufen am 10.02.2010

[St73] Stachowiak
Stachowiak H.: Allgemeine Modelltheorie. Springer 1973, Wien

www.ingramcontent.com/pod-product-compliance
Lightning Source LLC
LaVergne TN
LVHW042311060326
832902LV00009B/1409